MOTION

FAITE A L'ASSEMBLÉE GÉNÉRALE

DE LA SECTION

DU LUXEMBOURG,

Sur la disposition des emplois et des travaux dans les différentes parties de l'administration de Paris.

MOTION

Faite à l'assemblée générale de la section du Luxembourg,

Sur la disposition des emplois et des travaux dans les différentes parties de l'administration de Paris ;

Par M. LABLÉE, ci-devant administrateur.

Messieurs,

Plusieurs sections ont pris des arrêtés en faveur des citoyens qui, ayant perdu ou leur état ou partie de leur fortune dans la révolution, et néanmoins l'ayant servie avec zèle, seroient propres par leurs talens, leurs mœurs et leur conduite à être employés dans une des parties de notre administration. Il est de notre humanité et de notre justice, comme de l'intérêt des citoyens de notre section qui pourroient prétendre à ces emplois, que nous nous empressions de prendre un parti sur cet objet, et que nous invitions les sections à s'en occuper, afin qu'elles adoptent toutes là-dessus une mesure uniforme.

A

Mais, Messieurs, qu'il me soit permis avant tout de mettre sous vos yeux quelques considérations importantes.

Les emplois publics dans les diverses parties de l'administration de Paris sont une des propriétés les plus précieuses de la commune. Il n'en peut être disposé que par la volonté exprimée des citoyens qui contribuent proportionellement à la solde de ces emplois. La loi a fixé les formes dans lesquelles devoient être délégués les pouvoirs aux chefs de l'administration ; mais elle n'a point autorisé ces chefs à choisir arbitrairement les agens subalternes de l'administration.

Voici à cet égard tout ce qu'on trouve dans les décrets sur la municipalité de Paris.

Titre 3, art. 17. Le conseil général de la commune pourra donner les commissions qu'il jugera nécessaires, et déterminer les cas où les employés seront tenus de fournir caution.

Art. 34. Le nombre et les appointemens des commis ou employés dans les diverses parties de l'administration municipale, seront déterminés par délibération du corps munipal et confirmés par le conseil général de la commune.

Ces articles qui ne regardent que les fonctions réglementaires n'indiquent point à qui est attribuée l'initiative pour la présentation des aspirans aux emplois, et le silence de la loi à cet égard laisse à la commune de Paris le plein exercice de son droit, sans qu'il soit rien enlevé des pouvoirs qu'elle a délégués à ses représentans. Certainement s'il se fût agi dans les sections d'établir les règles suivant lesquelles ce droit devoit être exercé, les citoyens reconnoissant l'influence que les emplois subalternes peuvent avoir sur leur fortune et sur l'ordre public, auroient cherché à concilier et l'intérêt commun et la justice qu'ils se doivent les uns aux autres : mais ce qu'ils n'ont pas fait, des motifs impérieux leur commandent de le faire, et d'ouvrir enfin les yeux sur les funestes conséquences des nominations arbitraires aux emplois. Je n'accuserai pas nos administrateurs ; je sais que pour se plaire et pour réussir dans leurs travaux ils ont besoin de toute la confiance publique ; mais je sais aussi quel est sur tous les hommes l'empire des préjugés, des inté- rêts et des passions, et que c'est pour cela que le peuple doit autant qu'il est possible ne rien mettre à la disposition d'un seul homme. Dans ce moment un murmure général semble s'élever sur les répudiations et les ad- missions qui ont lieu dans des bureaux de l'administration civile et militaire. On se plaint non-seulement de ce que le vœu pu blic n'est pas consulté, mais de ce qu'il est ouvertement contrarié par des choix qui étonnent et qui affligent en même tems. D'un autre côté, les officiers publics sont sans-cesse assiégés par une foule de particuliers sans état, qui, pour prix de leurs services et pour dédom- magement de leurs pertes ne demandent qu'à gagner, à la sueur de leur front, leur subsistance et celle de leur famille. Dans cette position, lorsque ces officiers ont assez d'héroïsme pour être obscurement justes et compatissans, ils n'en sont pas moins exposés au reproche de l'injustice et de la cruauté ; et comme nous ne devons supposer qu'il puissent être dirigés dans leurs choix autrement que par l'intérêt public, si cet intérêt exige que pour la distribution des emplois et des travaux d'autres mesures soient adoptées, il ne faut pas douter qu'ils ne voyent avec reconnoissance qu'en les dégageant de ces entraves on leur permette de se livrer sans trouble et sans regrets aux détails de leur service.

Il n'est guères possible en effet que des administrateurs appellés à des fonctions importantes dont ils ne connoissent pas bien encore la nature, obligés sans cesse de combiner leurs moyens et leurs ressources avec les besoins et les desirs du publicel, donnent une attention suffisante à la recherche des agens qui conviennent le plus à leur gestion, ou des particuliers qui méritent le plus d'être employés. Leur religion est souvent trompée par des recommandations de personnes qu'ils estiment, même par leur propre sensibilité, et préférant ainsi l'intriguant à l'homme modeste, l'ignorant à l'homme instruit, le célibataire au père de famille, l'égoïste au patriote, ils compromettent à la fois leur réputation et le sort de leurs commettans (1).

Sans m'arrêter à ces inconvéniens insé-parables des choix arbitraires, si je ne con-sulte que l'expérience que j'ai acquise dans le cours de mon administration , j'obser-verai que d'après les diverses attributions données par les décrets à la municipalité de Paris , par suite desquelles on a eu à nommer à beaucoup de places impor-tantes , on auroit pu suivre des règles plus conformes au droit et à l'intérêt public. Il ne convenoit pas , sans doute, que le président du conseil provisoire de la ville eût l'initiative pour la proposition des ad-ministrateurs qui devoient être chargés des opérations relatives aux biens ecclésiasti-ques et de plusieurs autres opérations ; il ne convenoit pas d'accumuler des emplois pénibles sur les mêmes têtes , et de frapper d'une humiliante inaction des officiers ap-

____

(1) Il seroit instructif de voir une liste d'hommes connus par leur patriotisme et leurs talens qui , cédant à une malheureuse influence , gémissent en vain sous le poids d'une inaction involontaire.

pellés par la confiance de leurs commettans
au partage des fonctions administratives.
(On sait qu'en pareil cas il est difficile que
le proposé ne soit pas admis) ; il ne convenoit pas de soumettre à la disposition de
ces administrateurs préférés le choix des
chefs des bureaux et d'une foule d'employés
dont les traitemens altéreroient la fortune
publique , si on ne tiroit pas la plus
grande utilité de leurs fidèles services. Tous
les membres d'un corps de représentans
n'ont-ils pas un droit égal à coopérer par
l'émission directe de leur vœu aux nominations qu'ils sont chargés de faire? et ne per-
dons pas de vue que même après la destruction de ces principes vicieux , leurs effets
subsistent et appellent encore une réforme
rigoureuse.

On s'est imaginé que la responsabilité des
administrateurs mettoit inévitablement à
leur disposition le choix de leur agens ;
de-là vient qu'on ne s'en est pas occupé :
mais on se trompe sur la nature de cette
responsabilité. Elle n'est applicable qu'aux
ordres donnés , aux soins pris pour l'exécution , et aux faits personnels. La loi

interdit aux administrateurs tout maniement de deniers , soit en recette , soit en dépense. Les deniers publics et autres objets en nature ne doivent être confiés qu'à des dépositaires dont la caution garantisse la fidélité. S'il y a abus de confiance de la part d'un employé , la dénonciation faite par l'administrateur doit lui servir de décharge. Les mandats sur le trésor de la ville ne sont donnés et acquittés qu'avec des précautions qui ne laissent rien à craindre de la malversation des subalternes. D'ailleurs , il est peu de départemens où cette malversation puisse avoir lieu. Il est si vrai que l'administrateur de la commune n'est pas responsable des faits de ses agens , que lorsque ceux-ci ont reçu leur commission du Bureau de ville ou du conseil général , ils ne peuvent être destitués à la volonté de l'administrateur qui n'a sur eux que le droit de plainte et de dénonciation. Il en est autrement des hommes attachés à des travaux publics par une solde journalière. Au surplus on conviendra qu'il y a lieu d'attendre autant de probité , d'intelligence et de soumission de la part d'employés tels que ceux dont je vais vous entretenir, dont la liste ne seroit faite que d'après des recherches scrupuleuses, et recommandée par un grand nombre de citoyens estimables, que de la part de ceux qu'un administrateur s'attache d'après son opinion personnelle.

La responsabilité administrative ne doit donc plus être un prétexte pour empêcher une répartition d'emplois et de travaux plus juste et plus utile.

En considérant à cet égard les besoins et les ressources de la commune, nous voyons d'un côté une foule de citoyens qui, dans le passage difficile de l'esclavage à la liberté, ont perdu ou leur état, ou leur fortune, ou le secours de leur industrie, et ont encore sacrifié ce qui leur restoit pour le soutien d'une révolution qui ne pouvoit triompher que par une résistance proportionnée aux obstacles dirigés contr'elle. L'histoire n'offre pas d'exemple de tant d'abandon, de courage, de générosité et de patience. Mais leurs facultés sont épuisées, et la chose publique doit à son tour protéger les libérateurs de la chose publique. D'un autre côté, une foule d'emplois de toute nature dans l'administration des domaines nationaux et des biens de la commune, dans les bureaux des départe-mens, dans les hôpitaux, atteliers de charité, maisons d'éducation, travaux publics, etc. offrent aux citoyens, sur-tout aux pères de familles sages, instruits et laborieux, les moyens les plus abondans de pourvoir à leur subsistance et à celle de leurs enfans. C'est le patrimoine mis en réserve pour les temps de nécessité. On le réclame sans honte, on se rend digne d'en jouir et on le partage au sein de la paix, de l'égalité et de la justice : et si tel est le malheur de l'inaction forcée des citoyens, que dans cet état de léthargie le corps social est près de sa destruction, tel est le bienfait du travail commun qu'il suffit pour raviver un empire épuisé, et que le bonheur des individus ne tarde pas à se faire sentir. Mais l'égoïsme fait d'autres calculs, et je le dis avec un sentiment pénible, nous n'avons été que trop témoins de ses succès désastreux ; nous n'avons que trop vu d'heureux et tranquilles spectateurs de nos fatigues et de nos dangers accumuler sur leurs têtes les honneurs et les emplois, et donner lieu de croire que la révolution n'auroit été faite que pour eux : et prenez-y garde, Messieurs, là où vous entendrez des hommes revêtus d'un nouveau pouvoir, parler avec dédain de ce qu'ils appellent la foule des mécontens, et provoquer contre eux la défiance et les précautions, croyez que la liberté n'existe pas encore ; que le despotisme n'a fait que changer de forme, et que vous avez encore quelque chose à faire.

Livrons-nous donc tous entiers à la recherche des mesures à prendre afin de faire concourir les intérêts particuliers pour l'intérêt général.

Voici, messieurs, le plan que j'ai conçu pour la plus juste et la plus utile disposition des emplois civils et militaires dépendans de la commune de Paris.

1°. Il sera institué dans chacune des sections un comité qu'on appellera *comité civique*, formé d'un petit nombre d'hommes recommandables par leurs lumières, leur humanité, leur bienfaisance et leur amour pour le peuple ; qui, vivant dans l'aisance, ne prétendront qu'au plaisir de rendre des services désintéressés, et que leurs liaisons et leurs rapports dans la société rendent plus en état d'être utiles.

2°. Il sera tenu dans chaque comité civique un registre où se feront inscrire ceux qui auroient besoin de secours ou d'emplois. On y inscrira aussi les titres sur lesquels les demandes seront appuyées, par exemple le genre de talens et de connoissances qu'on possède, les places qu'on a occupées, les services qu'on a rendus à la société, surtout pendant et depuis la révolution.

Les noms des pères de famille y seront marqués avec distinction.

3°. Des recherches soigneuses et ménagées seront faites sur le compte de ceux qui seront inscrits.

4°. Les noms de ceux auxquels les recherches auront été favorables seront portés sur un second registre avec des notes relatives à leurs demandes. Ce second registre sera déposé à des époques fixes au *bureau central* dont il sera parlé ci-après.

5°. Les juges de paix et les commissaires de police auront voix déliberative dans les comités civiques.

6°. Les commissaires civiques seront dépositaires de ce qui pourroit leur être adressé, pour être employé par eux en bonnes œuvres. Ils en tiendront état ainsi que de l'emploi, et ne rendront que volontairement des comptes aux citoyens de la section.

7°. Les commissaires prendront aussi notes des ouvrages à faire sur le territoire de la section pour l'utilité, par l'ordre ou aux frais de la commune, et se concerteront avec la municipalité pour que les entreprises ne soient pas données à d'autres artistes ou ouvriers que ceux de la section, en observant de concilier les prétentions des citoyens du même état, évitant la faveur et n'ayant en vue que le plus grand intérêt de la commune.

8°. La nomination des commissaires civiques se fera annuellement dans l'assemblée générale de la section. Ils pourront toujours être réélus.

9°. Les comités civiques de section qui se seront formés sur ce plan enverront chacun un de leurs membres pour député à un lieu désigné pour l'assemblée générale. Là ils prendront des mesures pour établir entre eux une correspondance in-time et fraternelle.

10°. Dans l'assemblée générale des députés civiques, on fera l'élection de douze officiers civiques supérieurs, lesquels formeront le bureau central, qu'on appellera *Bureau civique*. C'est à ce bureau que seront envoyés à des époques fixes, ainsi qu'il est dit ci-dessus, art. 3, les registres arrêtés et les avis nécessaires des comités civiques.

11°. Les officiers civiques supérieurs feront porter sur un registre général, et par ordre de dates d'inscriptions, les demandes inscrites sur les registres particuliers qui leur auront été envoyés par les comités.

12°. A l'exception des places auxquelles, d'après la loi, on est tenu de nommer par élections et de celles auxquelles, en exécution des décrets sur la municipalité de Paris, le conseil général de la ville auroit nommé directement, tous les emplois nécessaires pour le service de la commune et payés de ses deniers, seront donnés par des commissions des officiers supérieurs du bureau civique, suivant des formes fixées par le règlement.

13°. Les sections qui auront adopté ce plan d'institution civique, seront invitées à envoyer incessamment un député dans un lieu de réunion, qui pourroit être une des salles du grand séminaire de Saint-Sulpice. Là il sera rédigé une adresse au conseil-général de la commune, dans laquelle on démontrera le grand intérêt de la ville de Paris à ce qu'il soit fait une plus juste disposition d'emplois dans les diverses parties de l'administration civile et militaire. Le conseil général sera invité à nommer des commissaires qui se réuniront aux députés de sections afin de rédiger le plan général de la nouvelle institution civique, auquel sera joint un réglement pour l'exécution. Une députation de cette assemblée sera chargée, au nom des sections, si le vœu de la majorité est obtenu, de présenter à l'Assemblée Nationale, et ce plan et ce réglement, et d'en solliciter le décret.

14°. Dans tous les cas, il suffiroit que le plan de la nouvelle institution fût adopté par la majorité des sections, pour qu'il fût présenté à l'Assemblée Nationale, avec supplication d'en décréter les dispositions qui se concilieroient avec celles des décrets déjà rendus sur la municipalité de Paris.

15°. Le conseil général de la commune, distingué par son patriotisme et son énergie, sera invité à nommer parmi ses membres un nombre égal à celui des officiers supérieurs du bureau central, pour exercer concurremment avec eux les mêmes fonctions, au moyen de quoi le nombre de ces officiers seroit porté à vingt-quatre.

16°. Les officiers du bureau central seront changés par moitié tous les six mois, et ne pourront être réélus que six mois après avoir quitté leur exercice.

17°. Le grand registre du bureau sera tenu en trois parties. Un sera pour les officiers du bureau, un pour être communiqué dans tous les tems aux administrateurs et autres officiers publics, et un pour les personnes qui annonceroient avoir besoin d'employés.

18°. Il y aura un bureau et un livre particulier pour la partie des travaux publics, également sous la direction des officiers du bureau central.

19°. Les administrateurs publics auront entrée et voix consultative dans toutes les assemblées,

assemblées , soit des députés de comité civiques , soit d'officiers supérieurs du bureau
central , et il leur sera donné toutes les faci-
lités possibles pour les mettre en état de
demander aux officiers du bureau ceux des
aspirans qui leor conviendroient davantage.

20°. Toutes les personnes qui sont dans le
cas d'avoir besoiu d'employés seront invitées par un avis public à les choisir sur le
registre général du bureau civique. Par là
cette institution offriroit à la ville de Paris
des avantages inappréciables.

21°. Du moment où ce plan aura été
adopté par la majorité des sections , il sera
promptement fait et rendu public un état
général de tous les emplois qui ont lieu dans
les diverses parties de l'administraiion de la
ville , des noms de ceux qui les possèdent ,
et dés traitemens qui y sont attachés.

22°. Il ne sera fait dans les employés aux
différentes parties de l'aministration civile
et militaire de Paris aucune réforme sans
que les administrateurs de qui ils dépendent
aient été entendus et consultés par les officiers supérieurs du bureau civique.

Je n'entrerai pas , Messieurs , dans plus

de détails sur une institution qui nous manque et qu'il me semble urgent de solliciter. Vous ne vous arrêterez pas sans doute aux défauts d'un plan qu'il m'a fallu tracer à la hâte ; mais si vous jugez qu'on en peut tirer parti pour l'amélioration du sort d'un grand nombre d'individus, je vous conjure, au nom de l'humanité et du patriotisme, de ne point vous arrêter aussi à ces objections meurtières dont le zèle même se rend quelquefois coupable, et de consulter le plus promptement possible le vœu des sections de la capitale.

Extrait du registre des délibérations de la section du Luxembourg.

Assemblée générale du mercredi 24 novembre 1790.

L'assemblée est d'avis que la commune a la propriété des emplois, et pour aviser aux moyens d'en disposer d'une manière convenable, continue la séance au lendemain des élections ; et cependant invite les sections auxquelles la motion de M. Lablée sera envoyée, à la prendre en considération, là à soumettre à leur examen et à lui faire parvenir leur vœu.

Pour extrait conforme au registre.

HARMAND, président.
MONNOT, Secrétaire.

A PARIS, de l'Imprimerie de CHALON, rue du Théatre Français, 1790.

www.ingramcontent.com/pod-product-compliance
Lightning Source LLC
LaVergne TN
LVHW021758030726
842523LV00003B/1082